SUPPLÉMENT

AUX

RÉFLEXIONS

POUR

M^e. *LINGUET*,

AVOCAT DE LA COMTESSE

DE BÉTHUNE.

A PARIS,

de l'imprimerie de PHILIPPE-DENYS PIERRES, rue. St. Jacques.

M. DCC. LXXV.

SUPPLÉMENT

AUX

REFLEXIONS

POUR Me. Linguet, *avocat de la comtesse de* Béthune.

Suis-je donc le seul homme au monde pour qui les succès ne soient que des sources de dangers, le seul citoyen condamné à des guerres éternelles, & à passer sa vie dans des angoisses, des convulsions non interrompues, à arracher journellement par l'évidence des absolutions toujours éludées par la calomnie, le seul individu en faveur de qui les loix, la justice, le vœu public, les arrêts ne puissent rien ? Quoi ! le 11 janvier la cour des pairs, le plus auguste des tribunaux du royaume, sur une discussion réfléchie, sur les conclusions du ministere public, après des audiences aussi solemnelles que majestueuses, me rend, m'assure mon état, & le 26 il m'est enlevé par les représentants d'une compagnie dont l'honneur est, dit-on, le seul lien, consacrée à faire valoir les loix, à les réclamer en faveur de l'innocence, & dont le caractere distinctif avoit paru, jusqu'ici, être la soumission aux arrêts du parlement, le respect pour cette cour sacrée. Il m'est enlevé sans griefs (1), après trois refus consécutifs de m'entendre, après un examen d'un instant, & destiné uniquement à m'ôter la ressource de pouvoir dire que je n'ai pas été entendu. Ainsi, la justice même de ces prétendus juges étoit une iniquité, & leur respect apparent pour les formes ne cachoit qu'un piege.

Et dans quelle circonstance consomment-ils ce complot ? C'est le lendemain du jour où le parlement vient de publier un rôle qui donne à la comtesse de Béthune, sur un placet coté de mon nom, audience dix jours

---

(1) Je ne dis pas sans motifs ; il y en a un très-pressant, que l'on verra aux pages 46 & suivantes.

après ; au moment où il lui eſt impoſſi--ble d'inſtruire, & même de choiſir un autre avocat ; après les viſites qu'elle a pris la peine de faire elle-même aux principaux d'entre eux, pour leur déclarer ſon attachement inébranlable à ſon premier choix, & en même temps les prier d'avoir égard à ſa poſition, à celle de ſes enfants, que les délais compromettent, & que les retards ruinent. Ainſi ce n'eſt pas moi qu'on frappe, c'eſt ſon défenſeur. Ce n'eſt pas ma qualité qu'on me conteſte, c'eſt la faculté de la ſervir ; c'eſt moins encore mon état que ſa fortune que l'on ſacrifie.

Et ſur quoi ſont donc fondés les droits de ce comité deſpotique, qui ſe joue avec tant de ſang-froid de ceux de tous les ordres des citoyens, qui égorge ſes membres avec une cruauté ſi réfléchie, qui calcule avec tant d'art les moments où il pourra nuire à une famille diſtinguée, à une veuve de qualité pourſuivie par des hommes puiſſants, à des orphelins que l'on veut écraſer, ſans que perſonne puiſſe entendre leurs cris ?

Ne craint-il pas qu'on les examine,

qu'on les apprécie ? Croit-il que les tribunaux verront tranquillement méconnoître ainsi leurs décisions ? Se flatte-t-il que la justice voudra bien leur prêter son glaive pour commettre des crimes , & qu'à leur moindre signe , le frein qui assure le repos de la société , deviendra l'instrument d'un assassinat ?

Le temps viendra où je demanderai vengeance contre ces diffamateurs impitoyables ; où je prendrai contre eux personnellement des conclusions propres à assurer leur châtiment & les indemnités qui me sont dues. Maintenant je ne demande que justice. Il faut instruire mes juges & les leurs de leurs manœuvres , de leurs griefs , de leurs motifs & de leurs espérances.

Le 22 décembre 1774 , dans un temps où je ne me présentois pas au barreau, au moment où l'audience du 4 janvier m'étoit accordée pour moi-même , on tient précipitamment une assemblée , où toute affaire cessant , car on avoit hâte , on arrête une *défense provisoire de communiquer* avec moi. On la signifie solemnellement à messieurs les présidents des chambres du parle-

ment. Le 28 au soir, j'écris au bâtonnier la lettre que voici.

MONSIEUR,

« J'ai appris, avec autant de surprise
» que de douleur, ce qui s'est passé
» jeudi dernier, à l'assemblée de ce
» jour, à mon occasion. Je ne devois
» m'y attendre en aucune façon dans
» l'état où sont les choses. Cependant
» j'ose vous supplier de vouloir bien
» m'instruire des motifs qui ont déter-
» miné. Y en a-t-il d'autre que l'arrêt
» du 11 février dernier ? Il m'est im-
» portant d'en être instruit, pour me
» tranquilliser s'il n'y a rien autre
» chose, ou me justifier si la calomnie
» s'est permis de me compromettre
» sans que j'aie pu me défendre.

» Je vous supplie de m'honorer d'une
» réponse. Je vous demande aussi en
» grace de vouloir bien indiquer une
» assemblée pour mercredi 4, à l'issue
» de l'audience, à laquelle je vous prie
» de vous trouver ; ainsi que MM. les
» députés. Elle est indiquée à la fin
» de l'audience de sept heures. Je crois,
» Monsieur, qu'il est de l'honneur de

» l'ordre de terminer , définitivement
» & fans délai , les tracafferies qui,
» depuis dix - huit mois , me ren-
» dent fi malheureux. Il n'y aura
» point de moment plus favorable
» pour cela , que celui qui fuccé-
» dera à l'audience du 4. Si le juge-
» ment du 11 février eft confirmé,
» tout fera dit : fi , au contraire , il eft
» rétraͨé , comme je m'en flatte , &
» qu'il n'y ait rien d'ailleurs que l'on
» puiffe m'objeͨer , ou que fi l'on
» m'objeͨte quelque chofe , je puiffe
» me juftifier fur tout , je ne puis pas
» croire qu'une affociation d'hommes
» vertueux pût vouloir continuer à
» me perfécuter.

 » Je fuis , avec un profond refpeͨ,
» &c. »

Signé , LINGUET.

Me. Lambon , bâtonnier , ne s'étant
pas trouvé chez lui , ma lettre n'a été
remife que le 29 matin , & il m'a répondu ce jour-là la lettre qui fuit.

 « L'affemblée du jeudi 22 , Mon-
» fieur , ne s'eft nullement déterminée
» par l'arrêt du 11 février dernier , au

» réfus provifionnel de communiquer
» avec vous. Elle a *déclaré qu'elle ne*
» *connoiffoit pas un arrêt qui n'avoit pas*
» *été rendu fur le vœu de l'ordre, lequel*
» *ne s'affembloit pas alors, & étoit*
» *même difperfé.* Le motif de notre dé-
» libération, qui a été fi unanime que
» je n'ai pas même été obligé d'opiner,
» a été *différents écrits où vous vous êtes*
» *donné la licence de blâmer la conduite*
» *de l'ordre,* notamment votre *mémoire*
» *imprimé contre monfieur* F....., *au*
» *mois de juillet ou août* 1771, dans
» le temps que perfonne ne faifoit
» encore acte de la profeffion, où vous
» *avez déclaré que vous repreniez le pre-*
» *mier des fonctions que vous accufiez*
» *les autres d'avoir quittées trop légére-*
» *ment* (1). Depuis, vous avez encore
» fait *différents mémoires où vous avez*
» *maltraité l'ordre ;* votre ton n'eft pas
» celui du barreau, & l'on craint que
» vous ne nous attiriez des affaires. »

---

(1) Il n'eft pas inutile d'obferver qu'il n'y a
pas un mot, un feul mot qui puiffe préfenter ce
fens, ni rien qui ait rapport dans tout ce mémoire.

A 5

» comme vous vous en êtes déjà fait plu-
» sieurs : le journal que vous avez entre-
» pris, ne s'accorde guere avec l'étude né-
» cessaire à un avocat ; vous y avez en-
» core tourné notre ordre en dérision, &
» vous y avez désavoué un éloge que
» vous y convenez d'avoir adopté, dans
» le temps que vous croyiez qu'il vous
» étoit utile qu'on vous en crût l'auteur.
» Je ne finirois pas, si je vous rappor-
» tois tous les faits qui ont été cités ;
» malgré tout cela, ce n'est que par
» provision qu'on s'abstient de commu-
» niquer avec vous ; notre arrêté à votre
» égard sera réglé définitivement lors
» de la confection du tableau ; vous
» restez cette année dans l'almanach,
» sur la liste des avocats ; je desire,
» Monsieur, que l'ordre puisse conser-
» ver un homme aussi distingué par ses
» talents ; mais l'usage que vous en
» faites, paroît à presque tous contraire
» à notre police ; au surplus, la chose
» fera encore plus mûrement examinée, lorsqu'il s'agira de prendre un
» parti définitif. J'ai l'honneur d'être,
» &c. »

Signé, LAMBON.

Le même jour 29 à midi, je me fuis préfenté pour répondre à ces griefs : refus de m'entendre avec les circonftances atroces, honteufes, dont j'ai rendu compte en plaidant.

Le 11 janvier, la cour a annullé tout ce qui avoit été fait contre moi le 11 février, enfemble ce *qui a précédé & fuivi.* Par là toutes les machinations couvertes du voile de la juftice, & les prétendues délibérations des avocats jufqu'au jour de l'arrêt, étoient inconteftablement annullées. Les députés ont prétendu que celle du 22 décembre échappoit à l'arrêt du 11 janvier. Je me fuis foumis à ce caprice féditieux : je me fuis préfenté le 19 pour obtenir juftice d'eux. Second refus de m'entendre. Le 25, troifieme refus. Enfin le 26 on m'a communiqué les griefs, on a confenti à m'entendre.

La veille j'avois déclaré que j'exigeois qu'on me communiquât *par écrit* les griefs : à cette propofition il s'étoit élevé une clameur univerfelle & furieufe, comme fi j'avois fait un outrage à l'affemblée. Le bâtonnier s'étoit levé, les yeux étincelants, & m'avoit crié avec plus de pétulance que n'en promettoit son âge : ne m'envoyez pas de lettre ce soir, ou du moins n'en attendez pas de réponse. Vous faites un trop bel usage de celles qu'on vous écrit. Cette incursion déceloit un cœur ulcéré que des rapports malins avoient encore aigri.

Le 26 je me suis rendu à l'assemblée : j'ai commencé par tirer mon écritoire & un papier sur lequel étoit écrit le discours que voici : j'ai voulu le lire : refus net. J'ai insisté : le bâtonnier m'a coupé la parole : il ne m'a été possible que d'en glisser quelques idées dans mes réponses. Le voici en entier.

MESSIEURS,

« Voici enfin le moment où vous
» allez prononcer la décision que j'at-
» tends depuis si long-temps. Je ne
» crois manquer ni à mes égards pour
» chacun de vous en particulier, ni à
» mon respect pour votre assemblée,
» ni à mon inaltérable & profonde
» vénération pour l'ordre que vous re-
» présentez, en vous soumettant, avant
» tout, quelques réflexions préliminai-
» res que je crois importantes.

» On a l'habitude d'interpréter si mal

» & si cruellement dans le public, tout
» ce qui m'échappe, & dont il ne reste
» pas de trace, que j'ai pris le parti
» de consigner ce que je vais avoir
» l'honneur de vous dire, dans un écrit
» fait double, dont je vous laisserai une
» copie signée de moi. (*Je n'ai pas pu*
» *la laisser, puisqu'on n'a pas même*
» *voulu l'entendre lire.*)

» Je n'ai pas besoin de vous repré-
» senter ce que vous savez que tout
» *Paris*, & peut-être la *France*, ont
» en ce moment les yeux sur vous.
» Depuis dix ans on me fait des repro-
» ches dont je me suis toujours justifié.
» Depuis cinq semaines on me cherche
» des crimes, que je ne connois pas
» encore, quoiqu'en les attendant, vous
» ayiez cru pouvoir prononcer une con-
» damnation qui les suppose. Les cir-
» constances ont donné à cette perqui-
» sition un éclat qui l'a rendu d'abord
» bien amere, bien douloureuse pour
» moi : mais en définitif j'en retirerai
» un grand avantage. Si j'ai le bonheur
» de vous convaincre de mon inno-
» cence, comme personne ne croira
» que vous ayiez eu envie de me faire
» grace, & qu'il sera constant que ma

» vie aura été bien fcrupuleufement
» examinée, dans tous les fens, il en
» réfultera que je fuis un des hommes
» de l'univers le moins repréhenfible ;
» gloire qui peut bien s'acheter par
» quelques défagréments.

» Je vous demande la permiffion
» d'écrire les griefs que vous m'allez
» communiquer ; il s'agit de mon hon-
» neur ; c'eft-à-dire, de ma vie : je ne
» répondrai à aucune queftion, qu'elle
» ne foit bien clairement pofée ; il
» auroit certainement mieux valu qu'on
» me les communiquât toutes écrites,
» & dans une forme authentique. Vous
» m'avez déclaré hier que cela ne feroit
» pas. Je vous fupplie d'obferver que,
» par ce refus, vous vous mettez dans
» la néceffité de vous en rapporter à
» ce que j'aurai écrit.

» J'ai eu l'honneur de vous prévenir
» hier qu'il y avoit trois efpeces de
» griefs auxquels je ne croyois pas être
» obligé de répondre.

» 1°. Ceux qui fe trouveroient de
» nature à n'être ni prouvés, ni dé-
» truits : je ne veux pas combattre des
» chimeres.

» 2°. Ceux où, pour me juftifier, il

» faudroit compromettre des personnes
» sur lesquelles vous n'avez pas de jurif-
» dictions.

» 3°. Ceux à l'appui desquels on ne
» citera pas des témoins graves & con-
» nus, que je puisse, en cas d'alléga-
» tion fausse, prendre à partie, & sou-
» mettre aux mêmes peines, auxquelles
» leur prévarication m'auroit exposé.

» Cette déclaration, Messieurs, n'est
» pas un échappatoire que je me pré-
» pare : c'est une précaution que tout
» ce que j'ai éprouvé ci-devant rend
» nécessaire ; en me faisant *avocat*, je
» n'ai pas entendu perdre les privileges
» d'un *citoyen*, d'un homme à qui les
» loix sont caution de son existence,
» de son honneur, de son état : ceux
» que je réclame sont de ce nombre,
» & les tribunaux les plus despotiques
» rougiroient de les violer.

» Je ne puis vous cacher ma dou-
» leur & ma surprise d'avoir apperçu
» hier des personnes que j'ai été forcé
» de récuser, & qui ont elles-mêmes
» accédé à ma récusation, assises au
» nombre des juges (1), & présentes

______

(1) Entr'autres Me. Caillau, qui étoit éga-
lement présent & juge le 26.

» en cette qualité au rapport, à la fixa-
» tion des griefs que l'on va me com-
» muniquer. Dès qu'il ne devoit être
» hier question que de moi, il me sem-
» ble qu'il auroit été plus décent qu'elles
» s'abfentaffent. Je me flatte au moins
» que leurs voix ne feront pas comp-
» tées.

» Il ne m'eft pas permis de ne vous
» point informer que la caufe de la
» comteffe de Béthune eft au rôle,
» qu'elle y eft fur un placet coté de
» mon nom, & que cette femme hé-
» roïque eft déterminée à foutenir fon
» choix, à moins qu'on ne lui démon-
» tre, par des faits bien graves & bien
» prouvés, que je fuis indigne de fa
» confiance. Vous vous rappellez le
» propos plus qu'indécent tenu ici à ce
» fujet, il y a aujourd'hui huit jours.
» On m'a accufé devant vous d'avoir
» dit *que j'étois le feul au palais capa-*
» *ble de défendre cette caufe* : vous vous
» fouvenez comment j'ai répondu à
» cette imputation maligne autant que
» calomnieufe, & je me flatte que
» l'auteur n'oubliera pas que je l'ai ré-
» cufé fur le champ.

» La comteffe de Béthune eft très-

» convaincue que le palais est rempli
» de jurisconsultes capables de la dé-
» fendre avec plus de talents & de
» lumieres que je n'en ai : quand elle
» pourroit s'aveugler sur cette vérité,
» je ne le lui permettrois pas : ce qui
» la rend si ferme dans son choix, c'est
» moins l'opinion des services que je
» puis lui rendre, que la conviction où
» elle est que j'ai besoin d'elle.

» Le moment où elle a demandé
» mon secours, a été la principale
» époque des persécutions que l'on m'a
» suscitées & que j'essuie encore. Elle
» se croiroit humiliée si elle avoit à se
» reprocher d'avoir laissé sacrifier sous
» ses yeux un homme compromis,
» parce qu'il pouvoit la servir. Si son
» courage n'avoit sa source que dans
» l'intérêt, il seroit aisé de l'affoiblir ;
» il naît chez elle de la générosité : elle
» ne changera pas. C'est par son ordre
» précis que je vous fais cette décla-
» ration : elle l'a faite elle-même en
» personne à plusieurs de vous, qui
» peuvent le certifier.

» Ne prenez pas ceci, Messieurs,
» pour une bravade, pour une me-
» nace. J'atteste le ciel que j'en suis

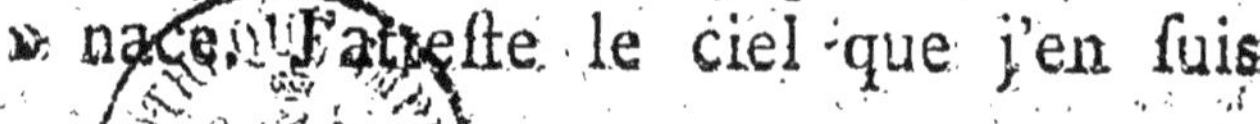

» bien éloigné : mais sûr de mon cœur
» & de ma conduite, sûr de vos lumie-
» res & de votre impartialité, je ne
» puis m'empêcher de vous repréfen-
» ter combien il eft important ici de
» vous défier des cris de la cabale
» acharnée, accréditée, qui me pour-
» fuit ; combien il eft effentiel à tous
» tant que nous fommes de ne pas
» néceffiter des difcuffions poftérieu-
» res , dont l'éclat ne feroit pas fans
» danger.

» Une derniere obfervation que je
» fuis obligé de vous faire, porte fur
» les propos qui fe tiennent dans le
» public. On prétend que je ne parois
» devant vous qu'avec un maintien in-
» folent qui vous irrite. Ce ne font là
» fans doute que de ces allégations ridi-
» cules qui n'ont pas d'auteurs, &
» que vous défavoueriez, s'il le falloit :
» il eft vrai que je ne prends pas ici la
» contenance d'un coupable ; ce feroit
» démentir ma confcience, & me dé-
» fier de votre intégrité. Non, je fuis
» innocent, & je n'affecterai point l'hu-
» miliation hypocrite ou ignominieufe
» du crime. Mon cœur ne me reproche
» rien. Je vais bientôt détruire les re-

» proches de la calomnie. Pourquoi
» donc jouerois-je l'accablement qui ne
» doit être le partage que d'une ame
» troublée ? Le ciel, Messieurs, m'en
» a donné une que le remords seul pour-
» roit abattre, & elle ne s'est jamais
» rien permis qui puisse lui en occa-
» sioner. »

Je suis prêt à vous répondre.
Signé, L I N G U E T.

De tous les objets présentés dans
ce discours, je ne ferai remarquer que
le refus d'*écrire*, quand on va prononcer sur la vie d'un homme. Les cours
de l'Asie, l'inquisition elle-même n'ont
rien d'aussi effrayant, d'aussi cruel, d'aussi
abominable en tout sens, que cette procédure. Ce ne peut être que celle de
la lâcheté, de la trahison, de l'im-
posture. Il en résulte que l'accusation
peut toujours être censée prouvée, &
que la défense ne peut jamais être
constatée ; il en résulte que l'accusé
est dans l'impossibilité de se jamais laver
aux yeux des juges supérieurs & du
public, parce que les premiers juges ont
toujours droit de dire : oh ! les objets

fur lefquels il s'eft juftifié, ne font pas ceux qu'on lui a objectés : vraiment nous en avons bien d'autres. Il en réfulte un moyen fûr d'opprimer l'innocence de maniere qu'il ne lui refte aucune efpece de reffource pour repouffer l'oppreffion.

Et c'eft au dix-huitieme fiecle, c'eft en France, au milieu de l'enclos du Palais, fous les yeux des magiftrats, dans une compagnie vouée à l'étude des loix, à l'honneur, à l'égalité, à la juftice, que cet ufage infernal fe maintient, fe pratique ! Ah ! que les habitants de cette nouvelle *Tauride* foient donc tenus de l'afficher en groffes lettres fur la porte de la falle où ils tiennent leurs affifes, afin que les étrangers, tentés de chercher l'honneur fur fes bords barbares, n'aillent pas s'y brifer, & rifquer de trouver la mort où ils fe flattoient d'adorer la juftice.

Il m'a donc fallu écouter, en écrivant comme j'ai pu *fur mes genoux*. Le bâtonnier parloit *bas*, & fi *bas*, que j'ai été forcé, vingt fois, de le prier de parler plus haut (1). Il parloit avec une vo-

____

(1) Ces détails paroîtront peut-être petits ; & cependant il s'en faut bien qu'ils le foient.

lubilité qui me permettoit à peine de
le fuivre. Il parloit avec une diffufion
qui laiffoit à peine entrevoir le vrai
grief noyé dans une multitude de pa-

C'eft par les fignes imperceptibles, contre lefquels on n'eft pas en garde, que les fentiments
fecrets fe décelent. Les grands mouvements
annoncent une fureur exaltée : il ne peut échap-
per que de petits détails à une paffion froide qui
fe compofe. Au refte, fans doute, on ira men-
dier des *certificats* contre tout ceci, comme
Me. Gerbier en va quêter de porte en porte, contre ceux dont j'ai rendu compte dans mes obferva-
tions fur fon mémoire apologétique.

De tous les faits accablants que j'ai allégués,
il n'y en a qu'un auquel il croit pouvoir répondre : c'eft à l'accolade qu'il m'a donnée le
23, après avoir dit à fes complices : *celui que
j'embrafferai, c'eft celui-là qu'il faut prendre.*
Il va demandant à tout le monde fi l'on fe
fouvient qu'il m'ait *embraffé* : il triomphe quand
fon importunité arrache une atteftation qu'on
ne s'en fouvient pas. Ce dont on fe fouvient
bien, & dont les certificats mêmes qu'il extor-
que portent la mention, c'eft qu'il m'a tenu
des propos pleins de *politeffe*, d'*honnêteté*, de
confraternité, au moment où il méditoit de
m'accufer, dès que je ferois retiré, d'avoir toujours attaqué la religion, le gouvernement &
les mœurs. Je le préviens que j'en ai la preuve
par écrit,

rôles superflues. A force d'attention &
de sang-froid, je les ai enfin saisis,
ces griefs, je les ai écrits devant eux.
Encore une fois, en refusant de me
les donner eux-mêmes, ils se font soumis à la nécessité de s'en rapporter
à ce que j'ai consigné sur mon papier.
D'ailleurs je les défie d'oser dire qu'ils
en aient allégué d'autres.

Quelle a été ma surprise de voir
que dans cette absurde & odieuse no-
menclature, produite pour le jugement
définitif, il ne se trouvoit pas un,
pas un seul des prétendus griefs qui
avoient paru déterminer le prétendu
provisoire du 22 décembre ! On peut
s'en convaincre par le parallele.

MOTIFS de l'arrêté du 22 décembre, suivant la lettre du bâtonnier, en date du 29 décembre 1774.	MOTIFS de l'arrêté du 26 janvier 1775.
1°. Vous avez imprimé un mémoire en 1771.	1°. Vous n'aimez pas le droit Romain.

2°. Vous avez maltraité l'ordre en différents mémoires.

3°. Votre ton n'est pas celui du barreau.

4°. On craint que vous n'attiriez des affaires à l'ordre, comme vous vous en êtes fait à vous-mêmes.

5°. Le journal que vous avez entrepris ne s'accorde guere avec l'étude nécessaire à un avocat.

6°. Dans ce journal vous avez tourné l'ordre en ridicule.

2°. Vous ne paroissez pas assez soumis aux loix de France.

3°. Vos ouvrages contiennent des opinions repréhensibles.

4°. Vous déchirez en plaidant, les parties & leurs défenseurs.

5°. Les mémoires du C. de M. ont été déclarés *calomnieux*.

6°. Dans la requête présentée au conseil par les *Verons*, signée *Drou* vous avez été accusé de subornation, & vous ne vous êtes pas justifié.

7°. Vous avez désavoué dans ce journal, un *éloge* que vous avez avoué dans le temps où il vous étoit utile qu'on vous en crût l'auteur.

7°. Vous avez eu des difficultés avec M. le D. d'A. pour vos honoraires.

8°. Vous avez abusé de la confiance de M. le duc des Deux - Ponts dans le temps où vous lui étiez attaché.

Cette différence entre les motifs des deux arrêtés prouve évidemment l'inconséquence de l'un ou de l'autre. M. Lambon ne dira pas que par sa lettre il me laisse entendre qu'il en dissimule de bien plus graves que ceux qu'il me révele. Elle présente un sens tout contraire.

traire. Il eſt évident qu'il m'y rend
compte de ce qui l'a le plus frappé
dans ce qu'il dit *avoir été cité contre
moi*. Donc mes nouveaux forfaits , du
26 janvier 1775 , n'étoient pas encore
éclos le 22 *décembre* 1774. La com-
poſition d'*un journal* n'étoit pas ſi effrayante qu'un *abus de confiance*. Si l'aſſemblée du 22 décembre avoit été inf-
truite de ce dernier & bienheureux
ſecret , tenu caché pendant dix-ſept
ans , elle en auroit fait uſage ; il ſe
ſeroit gravé dans la tête du *bâtonnier* ,
qui certainement n'auroit pas manqué
de m'en informer par ſa lettre.

Il eſt donc clair qu'ils l'ignoroient
alors. Il eſt clair que ce n'eſt que peu
à peu que leurs connoiſſances ſe ſont
étendues ; quand ils ont arrêté, le 22 ,
une ſuſpenſion proviſoire , ils n'avoient
encore que le deſir bien formé de me
perdre , ſans moyen ; quand ils ont
réfuſé de m'entendre trois fois de ſuite ,
c'eſt qu'ils ſe trouvoient bien embar-
raſſés , ces moyens qu'ils attendoient
ne venoient pas ; leurs commiſſaires
grattoient la terre pour parvenir a en
arracher quelques vieilles anecdotes en-
ſevelies , dont je ne puſſe me défendre,

B

& dont l'antiquité même pût les difpenfer de produire des témoins ; quand
ils ont feint de m'entendre le 26 ; c'eft
que le befoin de frapper devenoit pref-
fant, puifque la comteffe de Béthune
étoit enfin fûre de l'audience : ils fe
flattoient, en *n'écrivant rien*, de m'ôter
le moyen de difcuter leurs accufations,
& de les livrer au ridicule qu'elles
méritent ; ils rougiffoient eux-mêmes
de celui qui s'étoit répandu à l'audience
fur les fept imputations confignées dans
la lettre de leur chef. Mais ce n'étoit
pas chez eux la pudeur qui fuit le re-
pentir, c'étoit la honte forcenée qui
produit la rage.

Ils ne l'éviteront pas ce ridicule
affreux qui doit armer la févérité de la
juftice ; encore une fois, en refufant
de me communiquer, d'une maniere
authentique, les accufations qu'ils for-
moient, ils ont donné une authenticité
folemnelle à la lifte que j'en ai prife
fous leurs yeux ; s'ils ofoient élever le
moindre foupçon fur mon exactitude,
ils pafferoient aux yeux de tous les
honnêtes gens pour de bien méprifa-
bles diffamateurs.

Les voici ces griefs avec les réponses que j'ai été forcé d'y faire sur le champ, sans préparation : je supplie les juges d'observer ce manege. Je me suis présenté le mercredi 25 ; les griefs étoient fixés nécessairement quand on s'est quitté ce jour-là, puisqu'on me les a annoncés le lendemain en entrant. On pouvoit donc me les communiquer dans cet intervalle ; j'aurois eu 24 heures du moins pour les examiner, pour digérer mes réponses. On avoit passé cinq semaines à me faire des crimes, il falloit m'accorder au moins quelques minutes pour les détruire.

C'est de quoi l'on s'est bien gardé : on m'a rebuté durement le 25. On ne m'a admis le lendemain 26, que pour me mettre sur le champ à la question, sans réflexion. Il falloit que la réponse fût prête au moment où finissoit la demande. On se flattoit probablement de me déconcerter dans cet interrogatoire meurtrier, & de trouver, dans mon embarras, des ressources que n'offroit pas ma conduite. Ce font là des faits sur lesquels il n'y a point de *certificats* à demander, ni à donner.

Griefs fixés par l'assemblée du 26.

PREMIER GRIEF. *Vous n'aimez pas le droit Romain.* J'ai avoué que je n'avois pas un attachement bien vif, ni une paſſion bien tendre pour les *pandectes* ou pour le *code*, & les *novelles*. J'ai obſervé que j'avois l'honneur d'être avocat de *Paris*, & non de *Rome*, ou de *Conſtantinople*; que d'ailleurs beaucoup d'hommes ſavants avoient pris la liberté de penſer comme moi ſur l'*informe recueil* de *Tribonien*; que ſi c'étoit une méprife de l'efprit, elle ne compromettoit point la droiture du cœur; que ma répugnance pour cette volumineuſe collection venoit ſur-tout de ce que l'on y trouvoit, dans toutes les queſtions, des armes pour & contre; ce que j'ai prouvé ſur le champ par le paſſage même d'un de mes mémoires, où cet effrayant délit, cette haine perverſe eſt conſtatée : en répondant à un paſſage tiré contre le marquis de Soiecourt, mon client, de la loi, ff. *de univ.* j'en ai trouvé en ſa faveur un tout contraire dans la loi, ff. *pro Soc.*

Ici il s'eſt élevé un petit murmure

de furprife ou de colere dans l'affemblée.

SECOND GRIEF. *Vous ne paroiffez
pas affez foumis aux loix de France.*
J'ai déclaré que rien n'étoit plus faux :
on m'a cité un paffage des lettres *fur
la théorie des loix,* où je me récrie
contre la dureté de l'ordonnance qui
*déclare acquis au fifc tout bien dont un
receveur fifcal aura compté pendant dix
ans au domaine.* Le bâtonnier m'a dit
que j'y donnois un fens injufte & peu
naturel ; je l'ai regardé fixement, &
comme il a lu dans mes yeux apparem-
ment que j'attendois fon commentaire,
pour connoître le fens droit & vrai de
ce texte , il s'eft hâté de paffer au troifieme grief.

TROISIEME GRIEF. *Vos ouvrages
contiennent des opinions repréhenfibles.*
J'ai obfervé , 1°. que ces ouvrages
avoient tous précédé mon admiffion fur
le tableau, & qu'ils avoient été connus
à cette époque ; 2°. qu'ils ont tous été
foumis aux formalités que le gouvernement exige , & approuvés en bonne
forme : 3°. que les cenfeurs font des
avocats fur le tableau ; je les ai nommés.
4°. J'ai dit à mes confreres : s'ils con-

tiennent en effet des principes blâmables, daignez être mes maîtres & mes guides ; inftruifez-moi , éclairez-moi ; agiffez comme la *Sorbonne* envers ceux de fes membres qui s'égarent en matiere de dogme : montrez-moi la lumiere, & je vous promets de la fuivre.

Ce ne font au fond tout au plus que des erreurs philofophiques : fi vous les jugez dangereufes, indiquez-les-moi : fixez-moi les termes dans lefquels je dois les rétraĉter, je fuis prêt à tout figner, à tout adopter aveuglément. *Fénelon* n'a été ni déshonoré aux yeux du public, ni dégradé par fes collegues pour avoir foutenu des opinions peu orthodoxes. Si j'ai imité en philofophie fa méprife théologique, j'imiterai fa docilité.

A ces mots, l'embarras a paru vifiblement fe répandre dans l'affemblée ; elle a été agitée de mouvements inquiets, qui ont fait craquer les chaifes : prefque toutes les têtes fe font portées machinalement fur les mains qui me déroboient leurs yeux, & leur donnoient un air penfif qu'on auroit pu prendre pour de la douleur.

QUATRIEME GRIEF. *Vous déchirez en plaidant les parties & leurs défenseurs.* J'ai prouvé que rien n'étoit plus faux, que j'avois été toujours attaqué, que je n'avois jamais fait que me défendre ; j'ai cité des exemples que les affiſtants n'ont pu défavouer. J'ai d'ailleurs renvoyé à la propoſition faite par moi dans tous les temps, & derniérement à la plaidoierie du 11 janvier, de faire à ceux qui perfifteroient contre toute juſtice & toute vérité à ſe croire offenſés par moi, toutes les fatisfactions compatibles avec l'honneur & l'intérêt de mes clients.

On s'eſt regardé.

CINQUIEME GRIEF. *Les mémoires du C. de M. ont été fupprimés comme calomnieux.* J'ai répondu que les calomnies étant du fait des parties ne pouvoient me compromettre : j'ai obfervé qu'il y avoit une demande en *prife à partie* juridiquement formée, qu'il avoit bien fallu l'appuyer par des faits ; que les juges fupérieurs s'étant décidés à la rejeter, fans l'approfondir, avoient été forcés de déclarer les faits calomnieux; que s'ils en avoient agi autrement, ç'auroit été une inconféquence de plus dans leur jugement.

J'ai obfervé, de plus, qu'à la même époque, mais dans une autre affaire, il avoit été fait, à deux avocats bien connus, des défenfes perfonnelles en les nommant, de plus figner de mémoires pareils à ceux que le fiege réprouvoit, *fous telles peines qu'il appartiendroit* ; ce qui étoit bien autrement férieux, & que cependant on ne troubloit pas leur repos.

Enfin, j'ai invité les affiftants à fe rappeller la date de ce jugement qu'ils m'objectoient.

SIXIEME GRIEF. *Dans une requête préfentée au confeil par les Verons & fignée Drou, vous avez été accufé de fubornation, vous ne vous êtes pas juftifié.* J'ai répondu, 1°. que cette requête, quoique fignée d'un officier public, étoit un énorme libelle, compofé du venin de tous les libelles multipliés dans l'affaire du C. de M. & flétris par le jugement définitif, *avec le nom des auteurs* ; 2°. que c'étoit un libelle donné dans une caufe où je n'étois pas partie, devant un tribunal où je ne pouvois pas

le devenir ; 3°. que c'étoit un libelle
dont ce tribunal avoit fait juſtice en
le ſupprimant ignominieuſement, avec
une *interdiction* contre l'auteur ; 4°. que
dans ce libelle on me donnoit pour
complice des magiſtrats, tels que M. *de
Sartine*, alors lieutenant - général de
police ; M. *du Lys*, alors lieutenant-
criminel, qui s'étoient contentés de la
ſatisfaction que le conſeil avoit cru nous
devoir, & que j'aurois paſſé pour un
eſprit brouillon, pour tout ce qu'on vou-
droit bien perſuader de moi ſi je m'é-
tois montré plus difficile qu'eux : 5°. que
les avocats, juges du *bailliage*, étoient
bien plus compromis que moi dans ce
libelle, qu'on oſoit y dire, page 253,
que s'ils ne m'avoient pas décrété de
priſe de corps, *c'eſt qu'ils me croyoient
alors protégé ;* ce qui les inculpe d'une
horrible prévarication, & peut en
même temps donner matiere à bien des
réflexions : 6°. que je n'aurois eu aucun
prétexte pour répondre à ce libelle,
dès qu'il étoit rejeté, & l'auteur puni ;
que pluſieurs des aſſiſtants me blâ-
moient d'avoir répondu à un autre
libelle, à celui que Mᵉ. *Gerbier* vient
de publier contre moi ſans raiſon, ſans

motif, avec des procédés qui en augmentent l'infamie. Qu'auroit-on fait fi je m'étois avifé, après une réparation juridique, de me faire juftice à moi-même par un imprimé ?

Enfin, puifqu'il s'agit ici de Me Gerbier, Meffieurs, ai-je ajouté, voyez donc la différence de votre conduite envers lui & envers moi. Un libelle ignoré, flétri avec opprobre, fuivi d'un châtiment perfonnel de l'auteur, vous paroît fuffifant pour autorifer contre moi une accufation extravagante, criminelle dans tous les fens, démontrée fauffe par l'événement du procès où elle a été hafardée ; & voilà Me. Gerbier accufé fur une iettre de fa main, par un homme de qualité qui fe nomme, par un ambaffadeur du roi, d'une *fu-bornation*, indépendamment de tout le refte ; on n'imagine pas même de lui faire effuyer la moindre difficulté : vous direz qu'il fe défend de ce délit, mais je n'ai pas même befoin de me défendre de celui dont vous voulez ici que je me juftifie. Les tribunaux ont pris foin deux fois de m'en difpenfer.

Ici le découragement s'eft peint fur un grand nombre de figures , & la fureur à contracté les muscles de presque toutes les autres.

SEPTIEME GRIEF. *Vous avez eu des difficultés avec M. le duc d'A.... au sujet de vos honoraires ? Il vous a donné 4 ou 500 louis. Il vous a fait avoir l'agrément d'une charge chez* MONSIEUR, *& vous n'en avez pas été satisfait. Vous lui avez écrit des lettres insolentes à cette occasion.* Eh ! MESSIEURS, ai-je dit, de qui tenez-vous ces détails ? *Oh ! ce n'est pas de lui*, m'a répondu précipitamment le bâtonnier : *voilà* M^{es}. LE-GOUVÉ *&* HUTTAUX *qui ont été de notre part, pour tirer de lui la vérité ; mais il n'a rien voulu dire.*

Quoi ! me suis-je écrié, supposant à M. le D. d'A.... du ressentiment contre moi, vous avez eu l'idée d'en profiter? Vos agents, ou plutôt vos espions n'ont pas rougi d'aller tenter son cœur, de lui proposer de se liguer avec eux pour perdre son défenseur? Ils ont été assez hardis pour lui faire cet outrage, assez lâches pour espérer que sa délicatesse pourroit se démentir, assez aveugles pour se flatter que s'il lui étoit échappé quelque chose capable de me nuire, vous auriez eu le droit de vous en pré-

valoir. Je souhaite pour votre honneur
que cette démarche soit ignorée : mais
si jamais elle étoit publique , de quel
opprobre elle vous couvriroit !

Et quel usage auriez-vous fait des
déclarations que vous en auriez pu arracher ? Serois-je admis à rendre un témoignage contre M. le D. d'A... ? Le
sien contre moi pourroit-il être reçu ?
Quand la noblesse de son cœur n'auroit
pas fermé sa bouche , oseriez-vous ici
vous appuyer sur les indices que vos
entremetteurs ont essayé de lui surpren-
dre ? N'est-ce pas une infamie , & une infamie inutile que vous avez été lui proposer ? Il n'a rien dit ? Mais ce silence
étoit significatif : s'il s'est tû , c'est que
sa prudence l'a porté à dissimuler son
indignation ; & s'il avoit parlé , ce
n'auroit été que pour donner des ordres
qui l'auroient promptement débarrassé
des vils négociateurs qui venoient l'in-
sulter avec tant d'audace.

Ici on a baissé les yeux ; les deux
agents ont paru absorbés : mais si cette
horrible inquisition a eu lieu envers un
homme de condition dont les liaisons
publiques avec moi ne peuvent être
ignorées, qu'on juge ce que l'on s'est

permis dans l'obſcurité, & quelles flé-
triſſantes tentatives on a multipliées,
ſans plus de fruit, dans des claſſes où
l'on pouvoit ſe flatter de trouver moins
de lumieres & d'honnêteté.

HUITIEME GRIEF. *Vous aveẓ abuſé
de la confiance de M. le duc des Deux-
Ponts, dans le temps où vous lui étieẓ
attaché.* Je dois rendre au bâtonnier la
juſtice qu'il a rougi en articulant ce
grief. Il a obſervé qu'il le haſardoit
malgré lui ; mais qu'on l'y *forçoit,* a t-il
ajouté, en déſignant quelques membres
de l'aſſemblée, à qui l'évidence & la
ſimplicité de mes réponſes donnoient
des convulſions.

J'ai d'abord déclaré que le fait étoit
faux : j'ai ſommé mes prétendus juges
de me nommer des témoins pour les
faire rétracter devant eux, ou les pour-
ſuivre devant les tribunaux. On m'a dit
qu'on ne nommeroit perſonne. J'ai répli-
qué qu'en ce cas je croyois l'aſſemblée
trop équitable pour s'arrêter un ſeul
inſtant à un pareil grief que je ne pouvois pas détruire, puiſqu'on refuſoit de
le prouver.

En ſortant de l'aſſemblée, j'ai envoyé
chez M. le duc *des Deux-Ponts*, pour le

prier de vouloir bien me rendre juſtice : on a répondu qu'il étoit en *Baviere.* Si je ne puis pas me prévaloir de ſon témoignage, au moins eſt-il clair que mes ennemis ſont dans la même impuiſſance.

Mais d'ailleurs il y a 17 ans que j'ai quitté M. le duc *des Deux-Ponts* ; j'en ai 38. Quelle horreur d'aller ainſi chercher des prétextes faux, abſurdes, dans l'enfance inconnue d'un homme, à qui, depuis dix ans qu'il eſt ſur un théatre malheureuſement trop brillant, il eſt impoſſible de reprocher l'ombre d'une action ſuſpecte ? Que ne va-t-on encore un peu plus haut ? on trouveroit peut-être bien d'autres griefs, profitables, ſuivant la juriſprudence des *députés.* Me. *Gerbier*, en plaidant contre le M. de *Brunoy*, a bien cru pouvoir mettre publiquement au nombre des motifs d'interdiction la fureur avec laquelle ſon ancien pupille *avoit mordu*, à *l'âge de cinq ans, l'oreille d'un laquais, qui le portoit* ; les députés ſes partiſans & ſes amis, pourroient bien découvrir que *j'ai battu ma nourrice*, & alors je mériterois d'être *rayé* ſans difficulté.

J'atteſte le ciel qu'on ne m'a pas

communiqué d'autres griefs , & que
j'ai préfenté le fens de toutes ces ré-
ponfes. Maintenant tout ce qui porte
la robe dans le royaume ne doit-il pas
frémir d'horreur & d'indignation , en
apprenant que d'après de femblables
motifs , & une pareille juftification ,
une affemblée de trente perfonnes s'eft
décidée prefque unanimement à priver un
citoyen de fes prérogatives fociales , un
confrere de fes fonctions publiques ? Je
n'ai eu pour moi que *trois voix* , &
& ces trois voix honnêtes méritent
d'être connues : ce font celles de Me.
Leprêtre de la Motte pere , de Me. *Be-
noift pere* , de Me. *Bouju* , que je fupplie d'agréer le témoignage de ma ref-
pectueufe reconnoiffance.

Obfervez qu'on ne retrouve ici aucun
de ces griefs dont on a fait tant de
bruit dans les cercles , de cet *éloge* ,
par exemple , dont on étoit fi fûr ,
dont on avoit les preuves , dont on
tenoit le manufcrit *figné de ma main.*
Obfervez qu'il n'y a point de baffeffes ,
de manœuvres , d'efpionage qu'on n'ait
employé pour tendre des pieges à mes
amis ou à mes connoiffances ; qu'indépendamment des interrogatoires que

l'on a fait subir à l'imprimeur de l'*éloge*, à M. le D. d'A. & à tant d'autres, on a employé les déguisements les plus vils, jusqu'à des suppositions d'état, de personnes & de nom, pour arracher à l'indiscrétion confiante de prétendus aveux qu'on ne se flattoit pas d'obtenir, en paroissant sous une forme qui auroit rendu les questions suspectes : qu'on songe que tous les efforts de ces *protées* n'ont enfin produit que les sept imputations consignées dans la lettre du 29 décembre, que j'ai détruites le 11 janvier à l'audience, & les huit qui ne m'ont été connues que le 26 janvier, & que j'ai détruites sur le champ ; & qu'on daigne donc enfin apprécier mes ennemis !

Et la compagnie au nom de laquelle ces complots sans exemple se trament, se consomment, le souffre en silence ? Et je respecterois ces manœuvres, ce tribunal sans fondement, cette jurisdiction sans pouvoir, où les juges sont parties, où l'accusateur ne court aucun risque, où l'accusé, percé d'un trait invisible, ne peut saisir ni la main qui l'égorge, ni l'instrument qui lui ôte la vie ! Et je me croirois privé des fonctions publiques que le prince m'a confiées, auxquelles le vœu de la magistrature & de la nation m'appelle ! Je m'en croirois exclu par un jugement chimérique, rendu fur une inftruction dont il n'exifte pas de traces, fur des griefs nés de l'impofture, enfants ténébreux dont leur mere elle-même rougit, puifqu'elle tremble de les laiffer appercevoir !

Non, je ne m'abandonnerai pas ainfi moi-même ; j'invoquerai les loix, les tribunaux ; je réclamerai les regles fous la caution defquelles tout citoyen jouit de fon honneur & de fon état ; je ne crois pas que *l'ordre des avocats de Paris* ait le droit, ni même l'envie de les violer. Je me flatte qu'il fe foulévera contre l'abus que l'on ofe faire de fon nom, qu'il défavouera les repréfentants aveugles ou corrompus qui ne frémiffent pas de le compromettre ainfi, & de métamorphofer une police douce, correctionnelle, amicale, en un tribunal de fang auprès de qui les juges de l'inquifition pourroient s'inftruire, & fes *familiers* fe former.

Dans l'intervalle je continuerai à remplir mes fonctions, parce que mes clients en ont befoin ; parce que j'y fuis autorifé par un titre écrit, par le ferment que j'ai prêté aux pieds des magiftrats, par l'arrêt qui a confacré mon nom dans la lifte des défenfeurs qu'ils avouent, & que la délibération qui me le contefte eft une chimere que rien ne peut conftater, un fantôme qui s'évanouit aux yeux de la juftice ; jufqu'à ce qu'on m'ait fignifié une délibération en forme, que je puiffe difcuter juridiquement, & foumettre à la décifion des tribunaux, feuls juges de l'honneur & de la vie des citoyens, je ne fuis ni ne puis être deftitué même par *provifion*.

Mais que ferez-vous, m'a dit un homme refpectable, abufé fans doute par quelques propos indifcrets, dont on l'a malgré lui rendu le confident ? Vous ne fentez pas affez combien il eft quelquefois malheureux d'avoir affaire à une compagnie : les honnêtes gens y font prefque toujours timides & fubjugués, parce qu'ils craignent les querelles & les factions. Dès-lors ce font les cœurs moins purs & les efprits violents qui y dominent : or ici favez-vous ce qui peut arriver ?

'Votre ordre fe taira, & vos ennemis interpréteront ce filence ; ils formeront une ligue entr'eux, pour faire valoir leur commentaire. Peut - être à toute force vous laifferont-ils fur le tableau, parce qu'enfin c'eft un monument public : ils féntent bien qu'ils n'ont pas de raifons pour vous en ôter, & les tribunaux ne leur en laifferont pas le pouvoir : mais ils n'en réuffiront pas moins à vous bannir du barreau, à vous réduire aux fonctions obfcures du cabinet.

Pour plaider, il faut un contradicteur, & vous n'en trouverez jamais ; à votre approche, comme à celle de Médufe, ils deviendront des ftatues, dont aucun pouvoir ne déliera la langue : la juftice fubjuguée par cette immobilité effrayante, vous éloignera pour détruire l'enchantement produit par votre préfence ; elle fera forcée de ratifier un exil, qu'au fond du cœur elle défapprouvera peut-être : & comme ce ne fera ici qu'une attaque négative ; que vous n'aurez en quelque forte à vous plaindre que du néant ; que ce ne feront pas vos facultés qu'ils contefteront, mais les leurs dont ils refuferont de faire uſage , il vous ſera impoſſible d'avoir ſur eux aucune priſe ; & comme de plus ils ſeront en nombre , tandis que vous ſerez ſeul , les loix dont vous implorerez le ſecours , ſeront muettes comme eux , & impuiſſantes comme vous.

A Dieu ne plaiſe que j'impute à l'*ordre* entier des avocats un manege auſſi révoltant : je croirois lui faire le plus violent , le plus criminel outrage , ſi j'oſois ſeulement l'en ſoupçonner : mais ce qui ſe paſſe en effet depuis plus d'un an , prouve combien il eſt facile , quand il s'agit de moi , d'abuſer de ſon nom ; il faut bien que j'examine ce que j'aurois à faire , ſi cet abus avoit encore lieu ici. Je ſupplie mes confreres de ſonger que l'oppreſſion , dont on me menace en leur nom , eſt le dernier période de la tyrannie , & que ſi je prépare le remede , c'eſt que je me vois près de la bleſſure ; ils ſeront les maîtres de me diſpenſer de recourir à l'un , en me garantiſſant de l'autre.

D'abord , la ſolitude n'eſt pas un

point embarraffant : elle n'affoiblit qu'une ame timide : elle redouble le reffort d'une ame vigoureufe. *Coclès* étoit feul quand il recevoit fur fon bouclier les traits d'une armée entiere, & il fauva fa patrie. *Daniel* étoit feul quand il arrêtoit la fougue d'un peuple nombreux, abufé par les probabilités les plus impofantes, & il fit triompher l'innocence. Un homme ifolé eft plus facilement attaqué, mais il n'eft pas toujours vaincu.

Eh ! que dis-je ? Eft-on feul quand on a pour foi l'innocence & la juftice ? Vierges céleftes, à qui j'ai confacré ma vie, vous ne m'abandonnerez point dans ce moment cruel où l'iniquité veut me livrer à l'opprobre ! J'ai combattu pour vous, vous m'aiderez à combattre pour moi, & mes adverfaires ne font point faits pour vous méconnoître toujours.

Si dans ces fortes de joute, il n'y avoit que les champions de compromis ; fi cette confpiration pour écarter un chevalier du tournois, fe bornoit à fa perfonne, je conçois qu'on pourroit fe flatter de réuffir à faire prévaloir une exclufion même inique : mais, eft-ce

donc de ces scenes de faste & d'appareil, de ces jeux illusoires de la vanité
qu'il s'agit ici ?

Le sort de quelques citoyens est toujours attaché à nos armes, & c'est sur
la partie que portent les coups adressés
au défenseur. Quel étrange soupçon
autoriseroit cet acharnement obstiné à
vouloir priver la comtesse de Béthune
du sien ? car, voilà ici le vrai sujet de
la querelle : on n'a pas eu d'autre but
depuis un an. Les ennemis que m'a
valu l'affaire du C. de M. n'ont fait
qu'associer leur vengeance à l'intérêt des
rivaux avec lesquels me compromet
celle de la comtesse de Béthune. Je vais
le prouver.

Preuve que le but de toutes ces manœu-
vres est seulement de m'empêcher de
plaider la cause de la comtesse de
Béthune.

Cette cause se plaide d'abord au châ-
telet. La comtesse perd : elle change
de défenseur. C'est sur moi que tombe
son second choix : sur le champ le bruit
se répand que je serai exclu de la plaidoierie ; & c'est l'avocat dont je me

trouve le fucceffeur, qui donne l'exem‑
ple d'y croire.

L'appel doit inévitablement être
plaidé le 7 *février* 1774 ; on emploie
janvier entier en tentatives, en effais,
en *menaces* adreffées à elle-même, en
ordres précis à fes gens d'affaires pour
la détacher de moi : elle perfifte : de‑
puis le 23 de ce mois jufqu'au premier
février, on fait, au mépris de toutes
les loix, tantôt chez un des défenfeurs
de fes adverfaires, tantôt dans des lieux
moins indécents , mais toujours fous
leur direction immédiate, des affem‑
blées, où l'on m'ôte le pouvoir de la
fervir.

Dans un de ces conciliabules crimi‑
nels, quelqu'un propofe en mon nom,
de m'obliger à *renoncer, fans retour,
au barreau, pourvu que je plaide cette
caufe feule ;* on rejette l'offre : on aime
mieux s'arrêter à la fufpenfion extra‑
vagante d'un an, qui me rendoit aux
autres affaires , mais m'interdifoit
celle-là.

Le 7 *février* la juftice, d'alors, ou‑
blie la parole qu'elle a donnée, & la
néceffité que lui impofent les loix de la
tenir. Je la lui rappelle, & auffi-tôt on

faifit les prétextes les plus faux, pour me fermer la bouche avec un appareil juridique. On étouffe ma réclamation; on me *raie du tableau*; & dans l'intervalle, il n'y a point d'efforts que l'on ne multiplie pour faire paſſer cette caufe.

Ce feroit une hiſtoire curieuſe que celle de la procédure faite à cette occaſion depuis le mois de *février* 1774, jufqu'à celui de *feptembre*; il exiſte dans les regiſtres du greffe de l'année derniere. Tandis qu'on m'écartoit, qu'on refufoit, je ne dis pas de me juger, mais même d'écouter la priere que je préfentois pour obtenir d'être jugé; on rendoit tous les matins un jugement pour forcer la *comteſſe de Béthune* à paroître : fa caufe a été placée fur trois rôles tout à la fois; & ces jugements prodigués à fes adverfaires étoient fi ridicules, qu'il y en a un entr'autres, dont ils ont été forcés de faire amende honorable par la bouche de Me. *Gerbier* en pleine audience, & par *exploit fignifié*.

Les nuages qui mafquoient la juſtice fe font évanouis; tant qu'on m'a vu reſter immobile, & ne pas m'approcher
cher

cher d'elle pour profiter de l'influence de ses rayons, mes ennemis sont restés dans une inertie parfaite. Mais dès qu'on a su que la comtesse de Béthune se flattoit de reprendre cette année, au rôle de février, la place qui lui étoit acquise l'année derniere, & que j'avois moi-même obtenu l'audience du 4 janvier, qui devoit me remettre les armes à la main pour elle, on s'est promptement assemblé en secret le 22 décembre ; on s'est hâté de me déclarer, *par provision*, incapable de la servir : & la lettre du bâtonnier porte expressément que ce n'est que *lors de la confection du tableau*, par conséquent en *mai*, qu'on verra ce qu'on voudra bien faire à mon sujet, temps où l'on se flattoit que cette affaire pourroit être terminée sans retour & sans moi.

La publication du rôle de la *Chandeleur* a souffert quelques délais : on s'est flatté que la cause de la comtesse de Béthune pourroit n'y être pas placée : tant que cette incertitude a duré, on s'est borné à m'écarter, à refuser de m'entendre, à refuser même de me communiquer les griefs. Observez que le 25 *janvier* on m'a encore fait ce refus.

Mais ce jour-là même, tandis qu'on ne s'occupoit, à l'affemblée des députés, qu'à perpétuer mon inaction, le rôle fe publioit au palais. La caufe de la comteffe de Béthune fe trouvoit à la tête : les députés n'ont pu le favoir qu'en fe féparant, & le lendemain on me communique à la hâte les griefs ; on feint de m'entendre ; on me force de répondre fur le champ, & fur le champ on me déclare *rayé du tableau*. Ne femble-t-il pas que cette caufe foit une efpece de *talifman*, doué pour moi d'une vertu maligne, qui m'ôte l'ufage de la langue & des bras, dès que j'en approche ?

En vérité, tant de manege me donneroit enfin de l'orgueil. Défenfeurs des beaux-freres de la comteffe de Béthune, qui que vous foyez, n'y mettrez-vous donc pas un terme, en les défavouant hautement ? Vous n'êtes pas encore connus (1), mais de façon ou

____

(1) On affure depuis hier que Me. Gerbier, jufqu'à ce moment, n'a pas paru au palais, de d'autre, ce ne peut être que parmi les aigles du barreau que vous serez choisis.

Eh quoi ! la supériorité de vos talents personnels, la faveur publique, le pré-jugé d'une sentence, l'opinion commune, qui jusqu'ici la ratifie ; de nombreux conseils (1), les dignités, les alliances de vos clients, leur fortune immense : tout cela n'est-il pas capable

---

qui les députés m'ont dit *qu'ils ne prenoient pas de parti à son sujet, parce qu'il ne se présentoit pas*, déclare hautement qu'il plaidera le 6 : en ce cas, ce sera un jour mémorable.

(1) Observez qu'à la tête de ces conseils contre la comtesse de Béthune se trouve Me. *Lambon, bâtonnier,* le chef de mes prétendus juges, qui n'a que trop prouvé sa chaleur contre moi ; qu'on y compte Me. *Cellier,* Me. *Laget-Bardelin, &c.* ; que pour la plaidoierie on lui oppose Me. *Gerbier* donc, Me. *Target,* Me. *Doillot,* c'est-à-dire, tout ce qu'il y a de talents plus connus au palais, & plus exercés en tout genre, & ce qui demande plus hautement ma proscription. Le célèbre apologue de *Nathan,* cet emblême de la brebis unique enlevée à la veuve par le voisin, possesseur d'un immense troupeau, a-t-il eu jamais une application plus frappante ? N'est-ce pas là précisément la marche que l'on a suivie pour m'ôter au C. de M...? Et une injustice dont on a rougi au palais en 1773, y seroit-elle tolérée, adoptée en 1775 ?

C 2

de les raſſurer ? Contre tant d'avan-
tages, la comteſſe de Béthune, veuve,
iſolée, ſans appui, n'a que l'équité de
ſes juges, ſon bon droit, & un défenſeur incorruptible.

De ces trois points on ne peut lui
enlever le premier : le ſecond, elle le
défendra. Souffrirez - vous qu'on eſſaie
ſous vos yeux de la priver militaire-
ment du troiſieme, & qu'on vous ex-
poſe d'avance à voir, ſi le ſuccès vous
eſt favorable, votre victoire ternie par
l'idée que la violence inique, faite à la
comteſſe de Béthune, a pu y influer ?

Vous n'en n'êtes, vous n'en ſerez pas
complices, de cette violence ; & d'ailleurs elle ſeroit inutile.

La comteſſe de Béthune me dicte
ce que j'écris : c'eſt de ſa part, c'eſt
en ſon nom, c'eſt par ſon ordre que je
parle : elle déclare qu'elle perſiſte dans
ſon choix, qu'elle n'en fera pas d'autre,
& que ſi l'on veut la juger, c'eſt par
mon organe qu'il faudra lui permettre
d'expoſer ſes raiſons.

Dépoſitaires auguſtes de l'autorité
ſuprême, vous lui donnerez audience,
parce que vous la lui devez, parce
qu'elle lui eſt acquiſe par un double

droit. Vous ne fouillerez point votre gloire par un déni de justice, que les circonstances rendroient plus criant. Au jour marqué je paroîtrai, je parlerai : s'il ne se présente personne de la part de M. le maréchal de Broglie, vous me donnerez l'arrêt à tour de rôle, & M. le maréchal de Broglie lui-même ne s'en plaindra pas.

Un guerrier aussi brave sait mieux que personne, qu'en toute espece de combat, c'est celui qui recule qu'il faut punir, & non celui qui se présente. Ou il donnera du courage à ses défenseurs, ou s'ils s'obstinent à fuir la mêlée, & qu'il n'en cherche point d'autres, il portera la peine de leur désertion.

Si cependant le pouvoir de l'intrigue, les efforts de la haine, les ressources de toutes les passions, que nous avons à combattre en ce moment, alloient jusqu'à enchaîner la justice sur son trône ; si l'appréhension d'une révolte dans cette enceinte sacrée, où l'on ne devroit pas redouter d'attentat de ce genre, la déterminoit à accueillir le silence de nos adversaires plus que nos raisons ; alors, il en coûte à mon cœur de l'annoncer »

& j'espére que ces cruels pressentimens
ne seront pas réalisés ; alors il faudra
que mes ténébreux adversaires , mes
silencieux accusateurs se montrent. La
comtesse de Béthune & moi nous irons
les chercher, par une attaque juridique, dans la nuit où ils se cachent. Il
s'engagera une guerre dont nos annales
& celles de la justice n'offrent point
d'exemple.

D'un côté , on verra la veuve d'un
homme de qualité, supplier les magis-
trats de ne pas la punir d'avoir été
ferme & généreuse. On verra des enfants d'une naissance illustre, privés,
dès le plus bas âge, de l'appui d'un
pere, & menacés de se voir enlever
toute leur fortune, conjurer les tribunaux de ne pas les forcer de choisir un
défenseur au gré des usurpateurs qui
veulent les dépouiller. On verra un
citoyen irrépréhensible , couvert, il est
vrai, des blessures honorables, que la
haine & la calomnie lui ont faites,
mais présentant son cœur aux interpre-
tes des loix, & leur disant anéantissez-
moi, si vous y lisez autre chose que
l'amour des devoirs & des vertus.

De l'autre, on entendra des hommes

dévoués par essence au maintien des loix, au culte de la justice, crier avec fureur aux peres de la patrie, aux vengeurs de l'innocence opprimée : soyez les complices de notre iniquité : armez-vous d'un bras d'airain, pour écarter cette femme respectable, qui ose lutter contre nos caprices ; écrasez sans pitié ces enfants malheureux, dont on a l'imprudence de confier la cause à une bouche qui nous déplaît. Laissez-nous sur-tout, laissez-nous sacrifier cet homme altier & inflexible, qui s'est piqué de remplir avec scrupule les sermens que nous faisons tous, qui parle d'honneur, quand on lui parle de con-fraternité. Plus il s'attache à démontrer son innocence, & plus il nous irrite, parce que c'est révéler les honteux mystéres de notre honteux acharnement. Ses efforts pour se justifier, sont à nos yeux de nouveaux crimes ; qu'il soit proscrit sans ressource ; que tout soit violé, plutôt que de nous donner l'humiliation de nous rétracter. Que tout périsse, plutôt que l'*ordre*, dont nous usurpons le nom, paroisse forcé de faire un pas en arriere !

Si l'événement d'un pareil combat,

pouvoit même être douteux, ce feroit parmi nous le fignal d'une dégradation bien prochaine. Occupé des maux de ma patrie, je fentirois moins ma perte, parce qu'elle toucheroit de fi près à la chûte des mœurs dans cet empire. C'eft un texte fur lequel j'invite mes confreres à réfléchir. Et pour aider leurs ré-flexïons, je vais placer ici quelques axiomes, qu'ils ne contefteront pas, & dont je me flatte qu'ils ne néceffite-ront pas la difcuffion.

Idées qui méritent d'être méditées.

L'état d'un citoyen, fur-tout quand il tient à fon honneur, eft la portion la plus précieufe de fon exiftence.

Pour ôter l'état & l'honneur à un citoyen, il faut les mêmes délits, les mêmes preuves que pour lui ôter la vie.

Il n'y a que les tribunaux inftitués pour adminiftrer fouverainement la juf-tice au nom du prince, qui puiffent prononcer fouverainement fur l'état & l'honneur d'un citoyen.

Toute compagnie qui prétend avoir le droit de police fur fes membres,

est tenue de s'assujettir aux formes
prescrites par les loix, ou à des formes
équivalentes qui puissent la garantir des
surprises.

Il n'existe en France de compagnies
légales, reconnues en qualité de corps
politiques, que celles qui ont des lettres-
patentes du prince, enrégistrées en parlement.

Toute compagnie qui prétend au
droit de faire des arrêtés pour sa police, a une existence légale, ou elle
ne l'a pas. Si elle ne l'a pas, ses arrêtés
sont sans conséquence, parce qu'une
chimere ne peut produire que des chimeres : si elle l'a, elle ne peut exercer
qu'une jurisdiction subordonnée, sujette
à l'appel des tribunaux, à qui est
confié exclusivement l'exercice de l'autorité souveraine.

S'il existoit dans un royaume policé
une compagnie qui prétendît être in-
dépendante de toute espece de pouvoir, où l'on ne peut acquérir la qualité d'*agrégé*, qu'en perdant celle de
citoyen, où le corps crût ne rien devoir
aux membres, tandis que les membres

devroient tout au corps (1); s'il exiſtoit
une aſſociation qui pût interrompre le
cours de la juſtice, quand la juſtice
refuſeroit de conſacrer ſes caprices,
qui eût le droit de diſpoſer arbitraire-
ment du ſort des familles, en diſpo-
ſant du choix des défenſeurs, où la
rivalité pût être un motif d'excluſion,
où des fonctions publiques puſſent être
interdites à un homme irréprochable
par de petites intrigues particulieres,
où enfin l'honneur outragé ne pût point
avoir de ſupport, ni l'innocence ca-
lomniée de reſſource, il faudroit bien
ſe garder de lui donner le nom d'*ordre*,
par excellence; c'eſt celui de *déſordre*
qu'il faudroit lui approprier.

Ce deſpotiſme, ou, ce qui revient
au même, cette anarchie, pourroit être
tolérée, tant que le reſpect de ſoi-
même, l'honnêteté des mœurs, la
prépondérance des hommes ſages en
écarteroient les excès : mais dès que
les paſſions y deviendroient dominan-
tes, dès que les bienſéances & les

____

( ) C'eſt là un des principaux abus qui ont
rendu les jéſuites ſi redoutables aux yeux des
magiſtrats & des bons citoyens.

mœurs n'y feroient plus comptées pour rien, dès que l'impofture armée d'un poignard aiguifé par la jaloufie, en fubjugueroit les délibérations, les tribunaux feroient obligés d'accourir au fecours de la victime : il faudroit que la juftice oppofât fon glaive à cette arme de la trahifon ; il faudroit condamner à jamais le lieu qui auroit fervi de théatre à ces triftes fcenes, & l'on écriroit fur la porte : *leur pouvoir a fini où l'abus a commencé.*

Me. LINGUET, avocat.